Her mit dem süßen Leben

Frau annika &
Britta Morbitzer

VORWORT

Zwei Freundinnen, eine gemeinsame Leidenschaft:
Zusammen backen und genießen!

Und so entstand dieses wundervolle Buch, in dem wir unsere Lieblingsrezepte für dich zusammengetragen haben. Brits Rezepte mit teils außergewöhnlichen Zusammenstellungen wurden von Frau Annikas verspielten Illustrationen lecker in Szene gesetzt.
Großen Wert haben wir auf die saisonale Aufteilung des Backbuchs gelegt – denn Erdbeeren schmecken im Winter einfach nicht.
Im vorderen Teil des Buches findest du alle Grundrezepte, die du für das Backen der saisonalen Köstlichkeiten benötigst. Passend dazu gibt es viele wundervolle DIY-Vorlagen zum Rauskopieren oder Abpausen, um deine Kuchentafel aufzuhübschen und Muffins, Marmelade oder Sirup als Mitbringsel zu verpacken.
Wir, also Frau Annika und Brit, hatten sehr großen Spaß während des Entstehungsprozesses und haben uns die Bäuche mit Testkuchen vollgeschlagen. Ein durch und durch süßes Leben!
Hol auch du dir das süße Leben mit diesem Backbuch nach Hause und verwöhne dich und deine Liebsten mit unseren Leckereien.

frau annika   Brit

INHALTSVERZEICHNIS

GRUNDREZEPTE

FRÜHLING

SOMMER

HERBST

WINTER

Grundrezepte

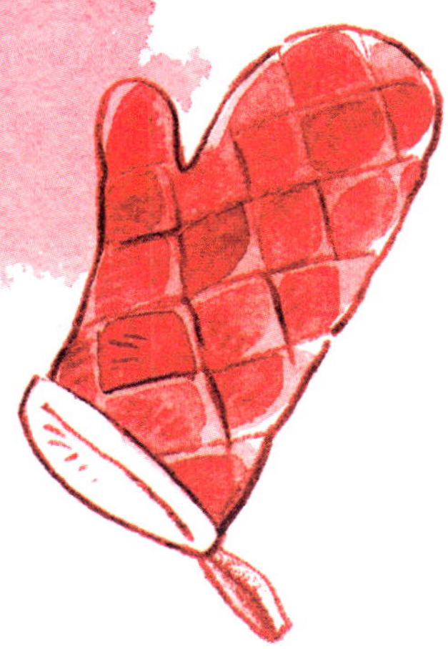

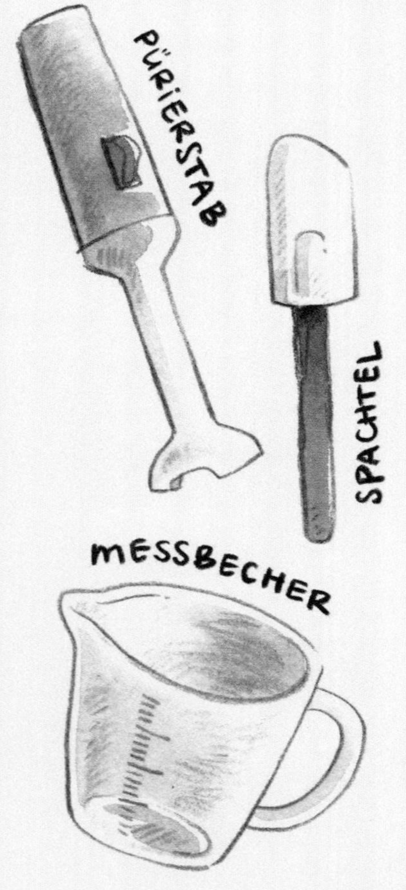

WERKZEUG

DU BENÖTIGST KEINE TEURE KÜCHENMASCHINE, UM LECKERE KUCHEN AUF DIE KAFFEETAFEL ZU BRINGEN. AUCH DAS HANDRÜHRGERÄT KANNST DU LEICHT MIT SCHNEEBESEN, KOCHLÖFFEL ODER DEINEN HÄNDEN ERSETZEN.

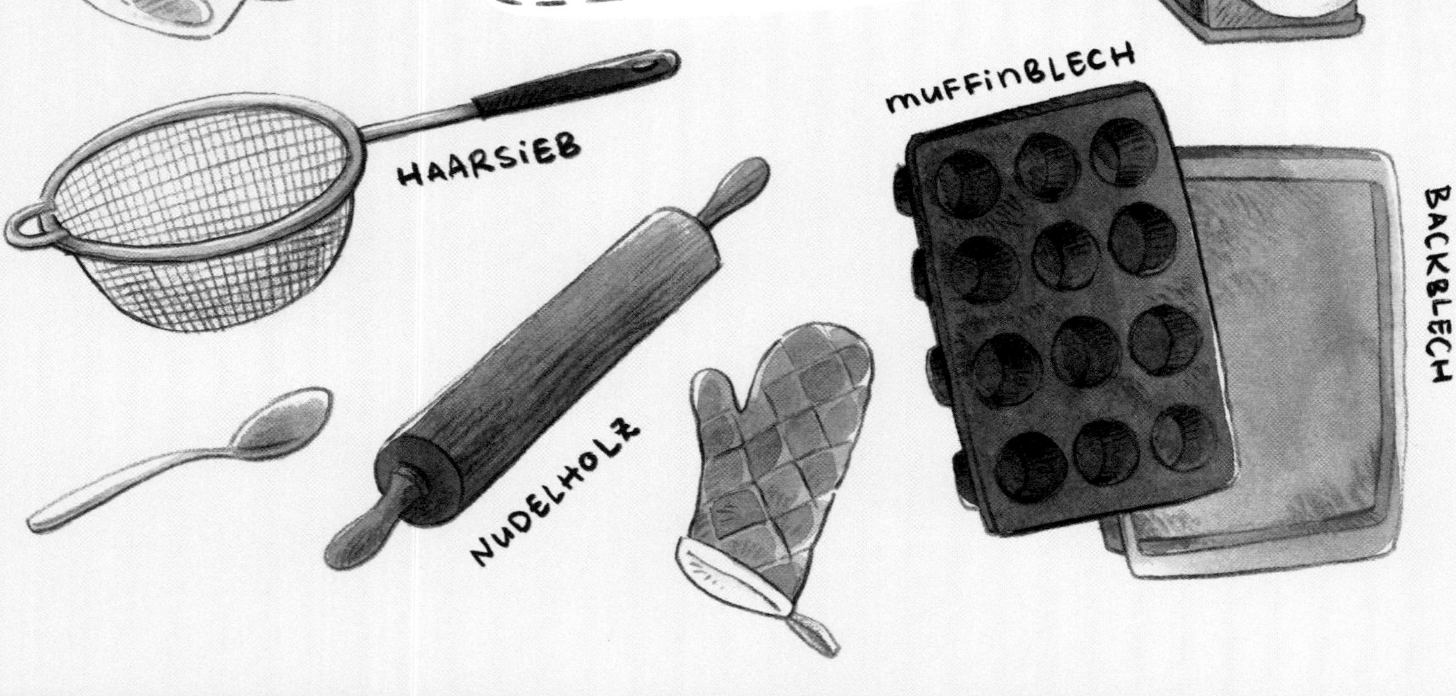

MÜRBETEIG

150 g BUTTER

1 PRISE SALZ

1 Ei

75 g ZUCKER

VERRÜHRE MIT DEN QUIRLEN DES HANDRÜHR-GERÄTS DIE WEICHE BUTTER, ZUCKER, Ei UND SALZ.

HEBE ZÜGIG 225 g MEHL MIT EINEM HOLZLÖFFEL UNTER.

STELLE DEN TEIG ABGEDECKT FÜR MINDESTENS 1 STUNDE IN DEN KÜHLSCHRANK.

RÜHRTEIG

250g WEICHE BUTTER

230g ZUCKER

1 PRISE SALZ

DIE BUTTER MIT DEM ZUCKER UND SALZ SCHAUMIG SCHLAGEN.

2 EIER NACHEINANDER EINRÜHREN.

MISCHE 280 g MEHL MIT 1.5 TL BACKPULVER.

HEBE DAS MEHL UND 250 g SAURE SAHNE ABWECHSELND UNTER.

Biskuit

4 EIWEISS mit
1 PRISE SALZ
STEIF SCHLAGEN.

DAS MARK EINER
VANILLESCHOTE
AUSKRATZEN,
MIT 4 EIGELB
UND 130 g ZUCKER
SCHAUMIG SCHLAGEN.

EISCHNEE NACH UND NACH VORSICHTIG UNTERHEBEN.

100 g MEHL

PEU À PEU AUF DIE EIMASSE SIEBEN UND VORSICHTIG VERMENGEN.

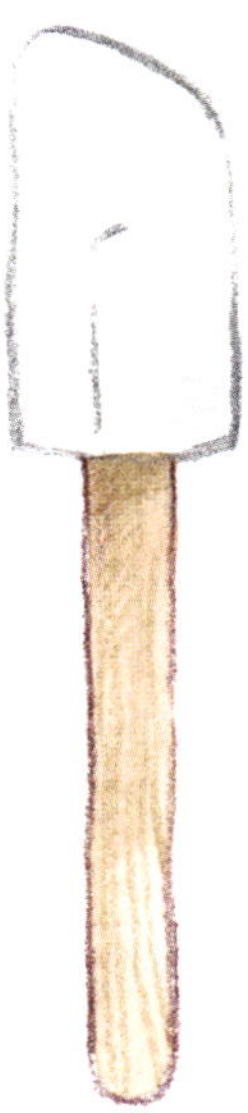

DEN TEIG AUF EIN BACKBLECH STREICHEN.

IM VORGEHEIZTEN BACKOFEN BEI 210–230° 5–7 MINUTEN BACKEN.

HEFETEIG

MISCHE DAS MEHL, ZUCKER, FRISCHE HEFE UND 1 PRISE SALZ IN EINER SCHÜSSEL.

ERWÄRME 125 ML MILCH HANDWARM IN EINEM TOPF.

VERKNETE 1 EI MIT WARMER MILCH UND 50 G BUTTER IN STÜCKEN MIT DEN TROCKENZUTATEN.

10 MINUTEN MIT DEN HÄNDEN ODER DEINER KÜCHENMASCHINE

DECKE DEN TEIG MIT EINEM TUCH AB.

LASSE IHN 30 MINUTEN GEHEN.

Vanillecreme

400 ML MILCH

1 VANILLESCHOTE AUSKRATZEN, SCHOTE UND SAMEN IN DER MILCH AUFKOCHEN.

10 MINUTEN ZIEHEN LASSEN.

180 g ZUCKER MIT 4 EIGELB UND 1 PRISE SALZ VERRÜHREN.

30 g MEHL UND 30 g KARTOFFELSTÄRKE UNTER DIE EIMASSE RÜHREN.

VANILLESCHOTE AUS DER MILCH FISCHEN. DIE MILCH LANGSAM UNTER DIE EIMASSE RÜHREN.

15 g BUTTER

ALLES IN EINEM TOPF BEI MITTLERER HITZE UNTER RÜHREN AUFKOCHEN.

1 MINUTE KÖCHELN LASSEN, DEN TOPF VOM HERD NEHMEN UND DIE BUTTER UNTERRÜHREN.

Schokocreme

200 g Zartbitter-Kuvertüre

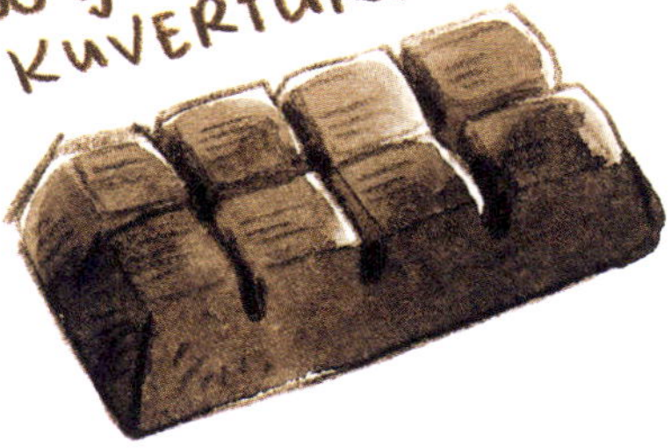

200 g Sahne

1 Prise Salz

Hacke die Kuvertüre in feine Stückchen.

Bringe die Sahne mit 1 Prise Salz langsam zum Kochen.

Giesse die heisse Sahne über die Schokostückchen, lasse das Ganze 10 Minuten stehen.

Verrühre alles zu einer homogenen Creme, lasse sie bei Zimmertemperatur erkalten.

Zitronencreme

400 g

Frischkäse

200 ml Sahne

4 Blatt Gelatine

50 g Zucker

Saft 1/2 Zitrone

1 TL Zitronen-schale

Weiche die Gelatine gemäss Packungsanleitung in kaltem Wasser ein.

Schlage die Sahne steif.

Erhitze den Zitronensaft mit dem Zucker …

… und löse dann die Gelatine darin auf.

Verrühre den Frischkäse mit Zitronenschale und aufgelöster Gelatine.

Hebe vorsichtig die geschlagene Sahne unter.

Baiser

150 g EIWEISS *

* ENTSPRICHT 3 EIERN, GRÖSSE L

150 g ZUCKER

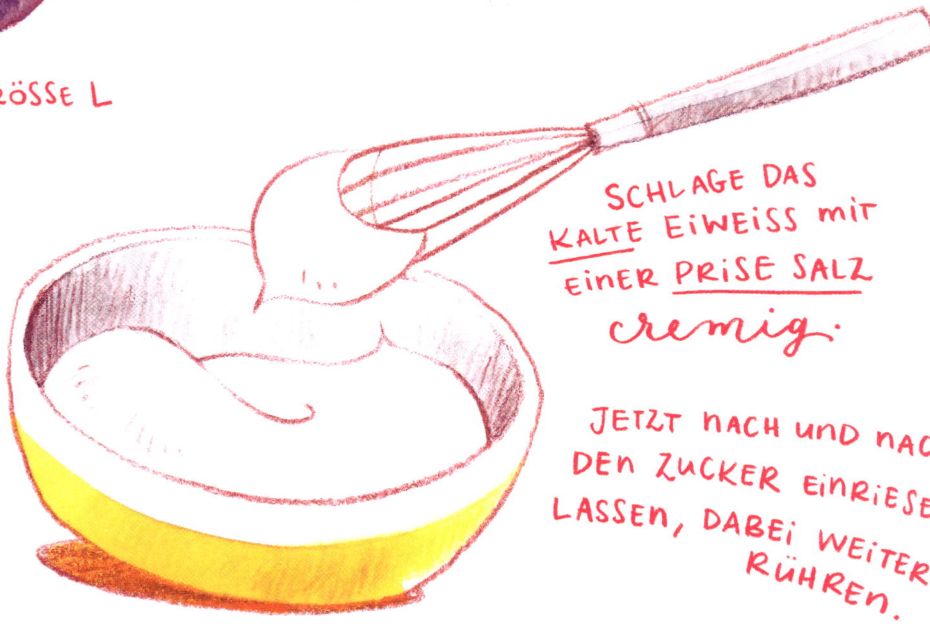

SCHLAGE DAS KALTE EIWEISS MIT EINER PRISE SALZ *cremig*.

JETZT NACH UND NACH DEN ZUCKER EINRIESELN LASSEN, DABEI WEITER RÜHREN.

DEINE BAISERMASSE LÄSST SICH AUCH GUT MIT LEBENSMITTELFARBE EINFÄRBEN. GIB SIE DANN IN EINEN SPRITZBEUTEL UND DRÜCKE DIE GEWÜNSCHTE FORM AUF EIN MIT BACKPAPIER AUSGELEGTES BACKBLECH.

BACKZEIT

1 – 1,5 STUNDEN

150 GRAD HEISSLUFT

SALZKARAMELL
sauce

400g ZUCKER

200 g SAHNE

100g BUTTER

5g FLEUR DE SEL

KARAMELLISIERE DEN ZUCKER BEI MITTLERER HITZE IN EINER PFANNE. NICHT RÜHREN!

REDUZIERE DIE HITZE UND RÜHRE DIE WEICHE BUTTER UNTER.

VORSICHT, ES WIRD BLUBBERN!

GIESSE DIE SAHNE DAZU, RÜHRE BIS SICH ALLES ZU EINER HOMOGENEN SAUCE VERBUNDEN HAT.

NIMM DIE PFANNE VOM HERD UND GIB ZUM SCHLUSS DAS SALZ DAZU.

Butterstreusel

70 g MEHL

70 g ZUCKER

1 PRISE SALZ

MISCHE MEHL, ZUCKER UND SALZ IN EINER SCHÜSSEL.

GIB 140 g KALTE BUTTER IN WÜRFELN HINZU.

VERKNETE ALLES ZÜGIG MIT DEINEN HÄNDEN ZU STREUSELN.

FÜR EINE KERNIGE VARIANTE ERSETZE DIE HÄLFTE DES MEHLS DURCH HAFERFLOCKEN.

Winter

ÄPFEL
BIRNEN
EINGEKOCHTE MARMELADE
EINGELEGTES OBST
WALNÜSSE
HASELNÜSSE
KÜRBIS
ROTE BETE

Herbst

ÄPFEL
BIRNEN
ZWETSCHGEN
TRAUBEN
HOLUNDER
KÜRBIS
ROTE BETE

FRÜHLING

ERDBEEREN
RHABARBER

"Eat local"

Sommer

PFIRSICH
APRIKOSEN
HIMBEEREN
ERDBEEREN
JOHANNISBEEREN
KIRSCHEN
PFLAUMEN
BIRNEN
BROMBEEREN
HEIDELBEEREN
ZWETSCHGEN
MIRABELLEN

FRÜHLING

Rhabarber

· TARTE-TATIN ·

du brauchst:

1 OFENFESTE PFANNE Ø 25 cm

1 MÜRBETEIG

AUSSERDEM:

3 ZWEIGE ROSMARIN

500 mL WASSER

500 g + 3 EL ZUCKER

1 TONKABOHNE

800 g RHABARBER

KOCHE ZUCKER UND WASSER ZUSAMMEN MIT DEM ROSMARIN UND DER TONKABOHNE KURZ AUF.

PUTZE DEN RHABARBER UND SCHNEIDE IHN QUER IN 5 CM GROSSE STÜCKE.

DIE RHABARBERSTÜCKE 3 MINUTEN IN DEM ZUCKERSIRUP KÖCHELN LASSEN. FISCHE SIE DANN WIEDER HERAUS.

TIPP

DER ERKALTETE SIRUP LÄSST SICH HERVORRAGEND IN EINER EISWÜRFELFORM EINFRIEREN UND ERFRISCHT SO IM SOMMER DEIN SPRUDELWASSER.

KARAMELLISIERE 3 EL ZUCKER IN DER PFANNE UND VERTEILE DARIN GLEICHMÄSSIG DIE RHABARBERSTÜCKE.

ROLLE DEN MÜRBETEIG AUF DIE GRÖSSE DEINER PFANNE UND BEDECKE DEN RHABARBER GUT DAMIT.

BACKE DIE RHABARBER-TARTE-TATIN BEI 175 GRAD OBER-UNTERHITZE 30 MINUTEN.

WARTE 15 MINUTEN NACH DEM BACKEN, BEVOR DU DIE TARTE AUF EINEN KUCHENTELLER STÜRZT.

GARNIERE SIE MIT FRISCHEM ROSMARIN.

TIPP

DIE TONKABOHNE LÄSST SICH ERNEUT VERWENDEN. SPÜLE SIE KURZ MIT WASSER AB UND LASSE SIE TROCKNEN.

Erdbeer Basilikum – Biskuit

du brauchst:

ERGIBT 12 STÜCK

1 BISKUITTEIG
1 VANILLECREME, ABGEKÜHLT

AUSSERDEM

100 g FRISCHKÄSE

1 BUND BASILIKUM

50 g MANDEL-PLÄTTCHEN

500 g ERDBEEREN

BACKE DEN BISKUITTEIG IN EINER GEBUTTERTEN UND BEMEHLTEN OBSTBODENFORM AUS.

180°

13–15 MINUTEN

Ø 28 cm

LASSE IHN 2 MINUTEN ABKÜHLEN UND STÜRZE IHN DANN AUF EINEN KUCHENTELLER.

Püriere den Frischkäse mit dem Basilikum, rühre alles unter die Vanillecreme und streiche die Masse auf den Biskuitboden.

Setze die Erdbeeren dicht aneinander auf die Creme.

Die spitzen Enden nach oben

Streue zum Servieren die Mandeln auf deinen Erdbeer-Basilikum-Biskuit.

Beschwipster APRIKOSENKUCHEN
mit Schokocreme

du brauchst:

1 RÜHRTEIG
1/2 SCHOKOCREME

AUSSERDEM

30 ml AMARETTO

100 g APRIKOSENMARMELADE*

* AM LIEBSTEN SELBSTGEMACHT

BACKE DEN RÜHRTEIG IN EINER SPRINGFORM Ø26 CM.

BACKZEIT 45 MINUTEN
175 GRAD
OBER-UNTERHITZE

PIEKSE MIT EINEM HOLZSPIESS VIELE KLEINE LÖCHER IN DEN KUCHEN …

… VERTEILE DEN AMARETTO DARÜBER.

LASSE DEN KUCHEN ABGEDECKT ÜBER NACHT AUSKÜHLEN.

SCHNEIDE DEN KUCHEN MIT EINEM LANGEN MESSER ODER EINEM FESTEN ZWIRN EINMAL QUER DURCH.

STREICHE DIE APRIKOSENMARMELADE AUF DIE SCHNITT-STELLE UND LEGE DEN DECKEL WIEDER DARAUF.

LASSE NUN DIE NOCH FLÜSSIGE SCHOKOCREME DARÜBER LAUFEN.

Zitronen-Lavendel Rolle

du brauchst:

1 Biskuitteig
1 Zitronencreme*

Backzeit 10 Minuten
180 Grad Heißluft

Außerdem:

1 TL Lavendelblüten, getrocknet

1 EL Puderzucker

Frischer Lavendel, zum Dekorieren

Verteile den Biskuitteig auf einem mit Backpapier ausgelegten Backblech und backe ihn ca. 10 Minuten, bis er ganz leicht gebräunt ist.

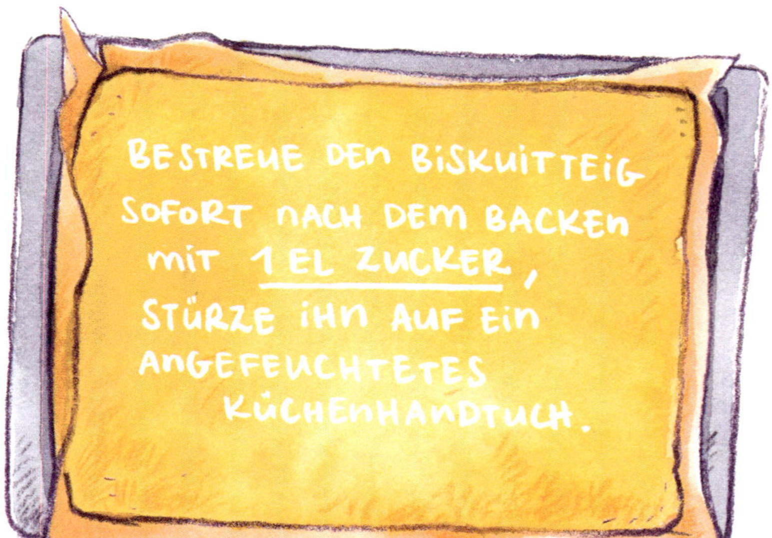

Rolle den Biskuit quer mit dem Handtuch ein und lasse ihn abkühlen.

* BEREITE DIE ZITRONENCREME WIE AUF SEITE 18 BESCHRIEBEN ZU, ERHITZE MIT DEM ZITRONENSAFT UND DEM ZUCKER 1 TL Lavendel-BLÜTEN.

SOBALD DIE ZITRONEN-LAVENDEL-CREME BEGINNT ZU GELIEREN, ROLLE DEN BISKUITTEIG AUF, VERSTREICHE DIE CREME DARAUF UND ROLLE DEN BISKUIT WIEDER ZUSAMMEN.

BESTREUE DEINE Zitronen-Lavendel-Rolle MIT PUDERZUCKER UND DEKORIERE SIE MIT 2 FRISCHEN LAVENDELZWEIGEN.

EGAL OB GEBURTSTAG, JAHRESTAG ODER DER SONNTÄGLICHE KAFFEEKLATSCH, MIT DIESEN „CAKETOPPERN" LASSEN SICH KUCHEN FESTLICH DEKORIEREN.

CAKE Topper

1 2 3
4 5 6
7 8 9
0
18 25 50

GIRLANDEN

DU BRAUCHST:

- FARBIGES PAPIER
- GARN / KORDEL
- HOLZSPIESSE
- SCHERE
- KLEBSTOFF
- STIFTE

FÜR EINE FEIERLICHE KUCHENGIRLANDE SCHNEIDE WIMPEL AUS FARBIGEM PAPIER, FALTE SIE MITTIG, REIHE SIE AUF EINER KORDEL AUF UND KLEBE DIE RÜCKSEITEN ZUSAMMEN. BEFESTIGE DIE GIRLANDE AN ZWEI HOLZSPIESSEN.

HOLZSPIESSE ODER PAPIER-STROHHALME

PROBIERE STATT DER TYPISCHEN WIMPEL AUCH ANDERE FORMEN AUS.

EINE SCHNELLE UND SELBSTKLEBENDE VARIANTE SIND BUNTE „WASHITAPES"

„MEHRZEILIG"

AUCH SCHÖN! POMPONS ODER BUCHSTABEN

FROHE OSTERN

MIT DIESEN ÖSTERLICHEN CAKETOPPERN WERDEN DEINE KUCHEN ZUM HINGUCKER.

frohe Ostern ihr Hasen

DIE DEKORATIVEN STECKER MACHEN SICH AUCH GUT IN EINEM BLUMENSTRAUSS …

Hoppy Easter

… ODER ALS GESCHENKANHÄNGER.

HIER ▲ FALTEN

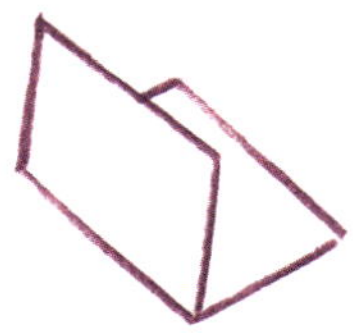

ZUM MUTTERTAG & VATERTAG

FRÖHLICHE KUCHENSTECKER

Sommer

Beerentartelettes mit Vanillecreme

ERGIBT 1 GROSSE TARTE ODER 6 TARTELETTES

du brauchst:

1 MÜRBETEIG
1 VANILLECREME, ABGEKÜHLT

AUSSERDEM: 400 g SOMMERBEEREN

2 STÄNGEL MINZE

ROLLE DEN MÜRBETEIG AUF DER BEMEHLTEN ARBEITSFLÄCHE 3–5 mm DICK AUS.

SCHNEIDE KREISE, DIE ETWAS GRÖSSER SIND ALS DIE FORMEN, AUS.

Kleide die gebutterten Formen mit dem Mürbeteig aus.

Bedecke den Teig mit Backpapier und gebe Linsen darauf. So behält der Teig beim Backen die Form.

Backe die Mürbeteigböden bei 175 Grad Heißluft, für ca. 15 Minuten. Lasse sie 30 Minuten auskühlen.

Fülle die *Vanillecreme* in die Tartelettes.

Verteile großzügig die Beeren darauf und dekoriere sie mit ein paar Minzblättern.

Aprikosen Schlupfkuchen

mit Pistazienstreuseln

BACKZEIT 50 MINUTEN

175 GRAD OBER-UNTERHITZE

du brauchst:

1 RÜHRTEIG
1 BUTTERSTREUSEL

AUSSERDEM:

6 APRIKOSEN

50 g MARZIPAN

50 g PISTAZIEN

FÜLLE DEN *Rührteig* IN DIE GEBUTTERTE KASTENFORM.

HALBIERE DIE APRIKOSEN, ENTSTEINE SIE …

… DRÜCKE EIN STÜCK MARZIPAN IN DIE KERNHÖHLE …

… UND VERTEILE SIE MIT DER SCHNITTFLÄCHE NACH UNTEN AUF DEM RÜHRTEIG.

VERKNETE DIE GROB GEHACKTEN PISTAZIEN MIT DEN BUTTERSTREUSELN UND KRÜMELE SIE ÜBER DEN TEIG.

TIPP IM WINTER KANNST DU STATT DER FRISCHEN, AUCH GETROCKNETEN APRIKOSEN VERWENDEN.

Schoko-Kirsch Rolle

du brauchst:

1 BISKUITTEIG*
1 ½ SCHOKOCREME

AUSSERDEM:

20 g KAKAO PULVER

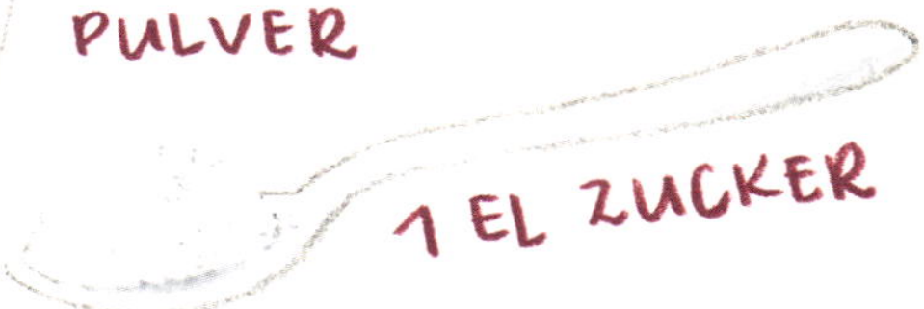

1 EL ZUCKER

BACKZEIT 10 MINUTEN
180 GRAD HEISSLUFT

200 g SAUERKIRSCHEN ABGETROPFT

* BEREITE DEN BISKUIT WIE AUF SEITE 12/13 BESCHRIEBEN ZU. ERSETZE DABEI 20 g MEHL DURCH DEN KAKAO.

ROLLE DEN BISKUIT QUER MIT DEM HANDTUCH EIN UND LASSE IHN ABKÜHLEN.

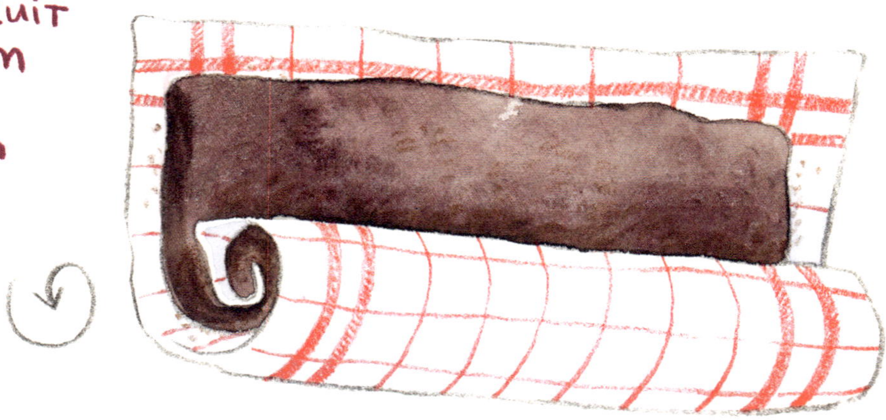

SCHLAGE 2/3 DER SCHOKOCREME NACH DEM ERKALTEN MIT DEM HANDRÜHRGERÄT *fluffig* AUF.

VERSTREICHE DIE SCHOKOCREME AUF DEM AUSGEROLLTEN BISKUIT …

… VERTEILE DIE GUT ABGETROPFTEN KIRSCHEN DARAUF UND ROLLE IHN WIEDER AUF.

ERHITZE 1/3 DER SCHOKOCREME KURZ UND TRÄUFEL SIE ÜBER DEINE SCHOKOROLLE.

TIPP

NUR FÜR ERWACHSENE! TRÄUFEL DIREKT NACH DEM BACKEN 50 ML KIRSCHWASSER ÜBER DEN SCHOKOBISKUIT.

Zitronen-Thymian Limonädsche

du brauchst:

500g Zucker

4 Zitronen

1 l Wasser

1 Bund Thymian

Halbiere die Zitronen und bringe alle Zutaten zusammen in einem Topf zum Kochen.

Lasse alles 10 Minuten köcheln und nimm dann den Topf vom Herd.

Über Nacht kann der Sirup bei Zimmertemperatur auskühlen.

Gieße den Sirup durch ein Haarsieb ab …

… genieße ihn mit Sprudelwasser verdünnt.

Der Sirup ist 2 Wochen im Kühlschrank haltbar.

Dekoriere das Glas mit einer Scheibe Zitrone und einem Stängel Thymian.

PFIRSICH-GORGONZOLA Muffins MIT SALBEI

ERGIBT 12 MUFFINS

du brauchst:

1 RÜHRTEIG
1 BUTTERSTREUSEL

AUSSERDEM:

8 BLÄTTER SALBEI

3 PFIRSICHE

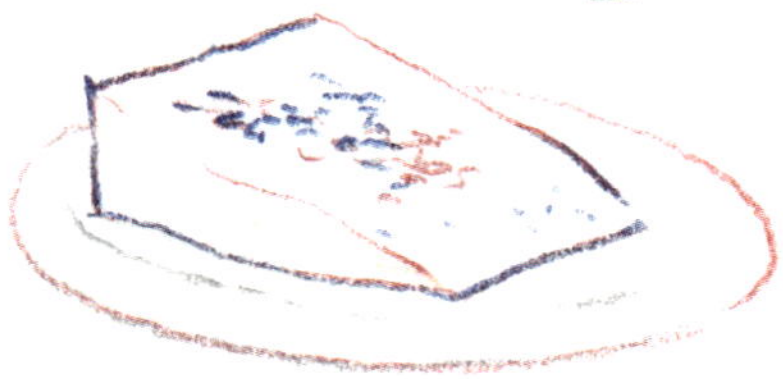

100 g GORGONZOLA

VERTEILE DEN RÜHRTEIG GLEICHMÄSSIG AUF DIE 12* MUFFINMULDEN.

* GEBUTTERT ODER MIT PAPIERFÖRMCHEN AUSGELEGT.

HALBIERE UND ENTKERNE DIE PFIRSICHE UND SCHNEIDE SIE IN FEINE WÜRFEL.

SCHNEIDE DEN SALBEI IN GANZ FEINE STREIFEN.

VERTEILE DIE PFIRSICHWÜRFEL AUF DEM RÜHRTEIG.

ZERBRÖSELE DEN GORGONZOLA MIT DEN FINGERN UND MISCHE IHN MIT DEM SALBEI UNTER DIE BUTTERSTREUSEL.

KRÜMELE ALLES GLEICHMÄSSIG ÜBER DIE PFIRSICHE.

BACKZEIT 30 MINUTEN

175° OBER-UNTERHITZE

TIPP LAUWARM SCHMECKEN DIESE *Muffins* AM BESTEN!

Schoko *küsst* Himbeere

Backzeit 1–1,5 Stunden
150 Grad Heissluft

du brauchst:

1 Baiser

Ausserdem:

20 g Kakao

300 ml Schlagsahne

300 g Himbeeren

1/2 Tonkabohne

Siebe das Kakaopulver über das Baiser und hebe es vorsichtig mit einem Schneebesen unter.

FÜLLE DIE MASSE IN EINE GEBUTTERTE SPRINGFORM.

LASSE DEN BAISERBODEN NACH DEM BACKEN KOMPLETT AUSKÜHLEN.

SCHLAGE DIE SAHNE STEIF, VERTEILE SIE AUF DEINEM SCHOKOBAISER

UND GARNIERE SIE MIT DEN HIMBEEREN.

ZUM SERVIEREN RASPELE ORDENTLICH TONKABOHNE DARÜBER.

Lass uns picknicken!

Für ein Picknick im Grünen oder zur Gartenparty sind selbstgemachte Kuchen oder Limonade ein Highlight. Aber auch mit hübschen Details rundherum kannst du Freunde und Familie beeindrucken.

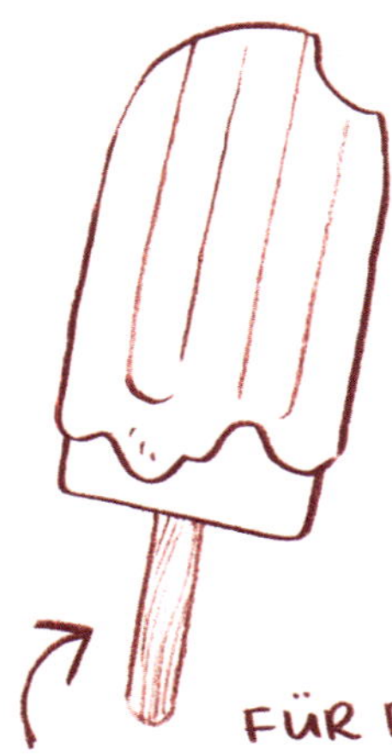

Für das originelle Papiereis am Stil, befestige einen Holzstil an der Rückseite der Einladung.

(Zeitungs)Papiertüte

ZUM PLASTIKFREIEN VERPACKEN VON SNACKS UND ANSCHLIESSEND ALS MÜLLTÜTE ZU VERWENDEN.
MIT DIESER FALTANLEITUNG GELINGT DIESE PAPIERTÜTE SCHNELL, GANZ OHNE KLEBEN.

VERWENDE 2 ODER 3 LAGEN AUFGEFALTETES ZEITUNGSPAPIER.

FALTE DAS QUADRAT NUN DIAGONAL ZU EINEM DREIECK.

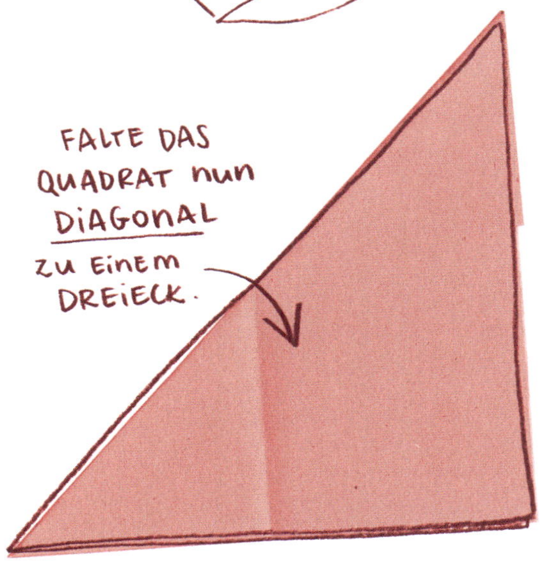

EINE DER SPITZEN ECKEN ZUR MITTE DER GEGENÜBERLIEGENDEN SEITE FALTEN.

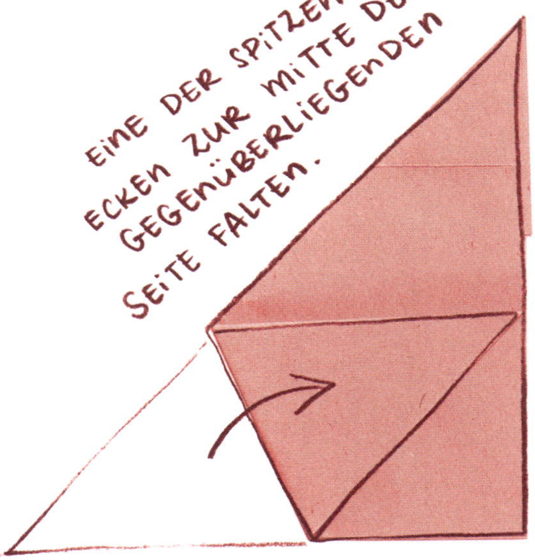

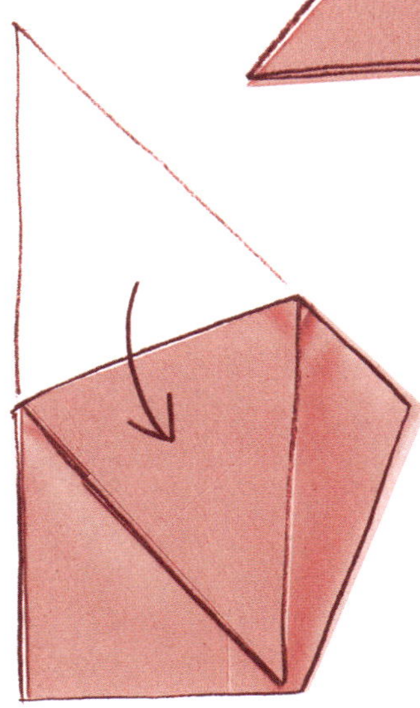

WENDE DAS GANZE UND VERFAHRE EBENSO MIT DER ANDEREN SPITZEN ECKE.

STÜLPE ABSCHLIESSEND DIE OFFENEN ECKEN ZU BEIDEN SEITEN IN DIE UMGEFALTETEN PAPIERSPITZEN. FERTIG!

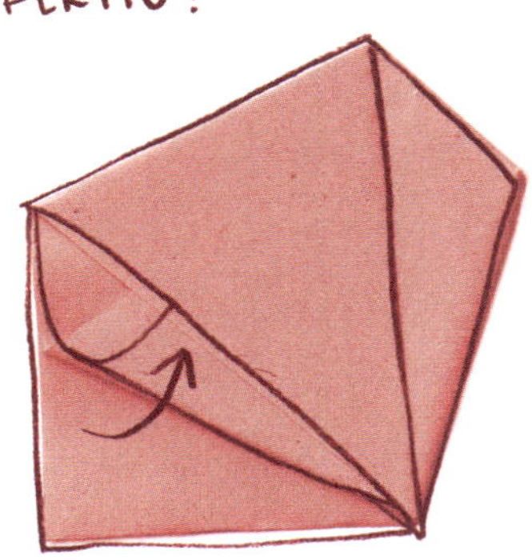

Muffin
Manschetten

Sieht hübsch aus auf dem Kuchenbuffet: in bunte Manschetten gekleidete *Muffins*. Als i-Tüpfelchen kann ein Aufstecker dienen.

Die beiden Enden mit Klebeband fixieren.

Limonädsche

· ETIKETT ·

ALS ERFRISCHENDER BEGLEITER FÜR DEIN PICKNICK ODER HÜBSCHES MITBRINGSEL FÜR DIE GARTENPARTY: EINE FLASCHE ZITRONEN-THYMIAN-SIRUP, VERSEHEN MIT EINEM DIESER ETIKETTEN.

NICHT NUR DEKORATIV: EIN THYMIAN-ZWEIG IM SIRUP.

feierliche
HOCHZEITS-CAKETOPPER

SEHR DEKORATIV SIND SOLCH VERSCHNÖRKELTE CAKETOPPER.

HIER IST FINGERSPITZENGEFÜHL GEFRAGT. ÜBERTRAGE DIESE VORLAGE AUF EINEN STARKEN KARTON (CA. 300 g) UND VERWENDE FILIGRANE BASTELMESSER ODER -SCHEREN (SILHOUETTENSCHERE).

FÜR EINEN 3D-EFFEKT FÜGE DIE EINZELTEILE MIT ABSTANDHALTERN (Z.B. MOOSGUMMI) ZUSAMMEN.

EINFACHER IN DER UMSETZUNG, DABEI ABER NICHT WENIGER ELEGANT IST DIESES BANNER AUF HOLZSPIESSEN.

FESTLICH WIRD ES DURCH GLANZ- ODER GLITZERKARTON.

SÜSSE GRÜSSE!
AUFSTECKER FÜR MUFFINS
UND KLEINE KUCHEN.

DIESE UNBESCHRIFTETEN
CAKE TOPPER KANNST DU
INDIVIDUELL GESTALTEN.

HERBST

Kürbis Tarte

du brauchst:

1 MÜRBETEIG

1 TARTEFORM Ø26 cm

BACKZEIT 45 MINUTEN

175 GRAD OBER- UNTERHITZE

AUSSERDEM:

3 EIER

150 g ZUCKER

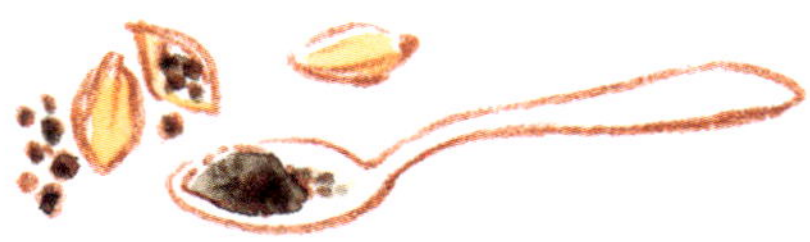

1/2 TL KARDAMOM GEMAHLEN

300 g HOKKAIDO-KÜRBIS

ENTKERNT, IN SCHMALEN SPALTEN

200 g MASCARPONE

2 EL BRAUNER ZUCKER

GARE DIE KÜRBISSPALTEN BEI 180 GRAD OBER- UNTERHITZE 20 MINUTEN. LASSE SIE AUSKÜHLEN.

ROLLE DEN MÜRBETEIG AUF DER BEMEHLTEN ARBEITS-FLÄCHE 3-5 mm DICK AUS. SCHNEIDE EINEN KREIS, ETWAS GRÖSSER ALS DEINE FORM, AUS.

WICKEL DEN TEIGKREIS AUF EIN BEMEHLTES NUDELHOLZ. KLEIDE DIE GEBUTTERTE TARTEFORM MIT DEM TEIG AUS.

PÜRIERE EIER, ZUCKER, MASCARPONE UND KARDAMOM MIT DEN GEGARTEN KÜRBISSPALTEN.

GIESSE DIE MASSE AUF DEN MÜRBETEIG.

VERTEILE VOR DEM BACKEN DEN BRAUNEN ZUCKER FÜR EINE KARAMELLKRUSTE DARÜBER.

Tipp DU KANNST DEN KÜRBIS DURCH 250 g MARONEN, DEN KARDAMOM DURCH 1 TL ZIMT ERSETZEN. STATT DES BRAUNEN ZUCKERS, VERWENDE MANDELSPLITTER

Zwetschgen Hefekuchen

mit anisstreuseln

du brauchst:

1 HEFETEIG
1 BUTTERSTREUSEL

AUSSERDEM:

1 TL ANISSAMEN*

750 g ZWETSCHGEN

*WER MAG, nimmt STATTDESSEN 1 TL ZIMT.

ROLLE DEN HEFETEIG AUF GRÖSSE DEINER SPRINGFORM AUS.

LEGE DEN TEIG in DER GEBUTTERTEN FORM AUS.

SCHNEIDE DIE ZWETSCHGEN WIE HIER GEZEIGT AUF.

ENTKERNE SIE UND LEGE SIE KREISFÖRMIG AUF DEN HEFETEIG.

MISCHE ZU DEINEN BUTTERSTREUSELN DIE ANISSAMEN UND KRÜMELE SIE ÜBER DIE ZWETSCHGEN.

BACKZEIT 25 MINUTEN

175 GRAD UMLUFT

TIPP

DIESER HEFEKUCHEN LÄSST SICH SEHR GUT EINFRIEREN UND IM WINTER AUFGEBACKEN MIT SCHLAGSAHNE GENIESSEN.

Holunderbeerenmarmelade

ERGIBT: 4 GLÄSER à 200 ml

du brauchst:

- 500 g HOLUNDERBEEREN
- 150 g GELIERZUCKER 2:1
- 1 ZITRONE
- 1 VANILLESCHOTE

WASCHE DIE BEEREN SEHR GUT UND KOCHE SIE MIT EINEM SCHUSS WASSER UND DEM MARK 1 VANILLESCHOTE AUF.

PÜRIERE DIE BEEREN KURZ AN, SO DASS NOCH EIN PAAR BEERCHEN GANZ BLEIBEN.

GIB DEN GELIERZUCKER HINZU UND LASSE ALLES NACH PACKUNGS-ANWEISUNG KÖCHELN.

VOR DEM ABFÜLLEN IN DIE GLÄSER, RÜHRE DIE SCHALE UND DEN SAFT 1 ZITRONE UNTER.

SPÜLE DIE GLÄSER MIT KOCHENDEM WASSER AUS UND FÜLLE DANN DEINE MARMELADE EIN.

VESCHLIESSE SIE GUT UND LASSE SIE AUF DEN KOPF GEDREHT AUSKÜHLEN.

Schoko Brombeer Kuchen

du brauchst:

1/2 MÜRBETEIG
1 RÜHRTEIG *
1 SALZKARAMELLSAUCE

BACKZEIT 7 + 50 MINUTEN
175 GRAD OBER-UNTERHITZE

AUSSERDEM:

50g MANDELBLÄTTCHEN

300g BROMBEEREN

30g KAKAO-PULVER

⌀ 26 cm

LEGE EINE GEBUTTERTE SPRINGFORM GANZ DÜNN MIT DEM MÜRBETEIG AUS.

BACKE IHN FÜR 7 MINUTEN BLIND.

* BEREITE DEN RÜHRTEIG WIE AUF SEITE 10/11 BESCHRIEBEN ZU, MISCHE DABEI DEN KAKAO UNTER DAS MEHL.

GEBE DEN SCHOKORÜHRTEIG AUF DEN VORGEBACKENEN MÜRBETEIG …

… VERTEILE DIE BROMBEEREN UND ZUM SCHLUSS DIE MANDELBLÄTTCHEN DARAUF.

LASSE DEN KUCHEN KOMPLETT AUSKÜHLEN UND SERVIERE IHN MIT *Salzkaramellsauce*.

Apfel Vanille Rolle

du brauchst:

BACKZEIT 10 MINUTEN
180 GRAD HEISSLUFT

1 BISKUIT
1 VANILLECREME, ABGEKÜHLT

1 EL APFELSAFT

AUSSERDEM:

2 BLATT GELATINE

2 ÄPFEL

100 g PUDERZUCKER

3 MSp. Muskatnuss

BEREITE DIE VANILLECREME WIE AUF SEITE 16 BESCHRIEBEN ZU.

WEICHE DIE GELATINE IN KALTEM WASSER EIN.

VERTEILE DEN BISKUITTEIG AUF EINEM MIT BACKPAPIER AUSGELEGTEN BACKBLECH UND BACKE IHN CA. 10 MINUTEN, BIS ER GANZ LEICHT GEBRÄUNT IST.

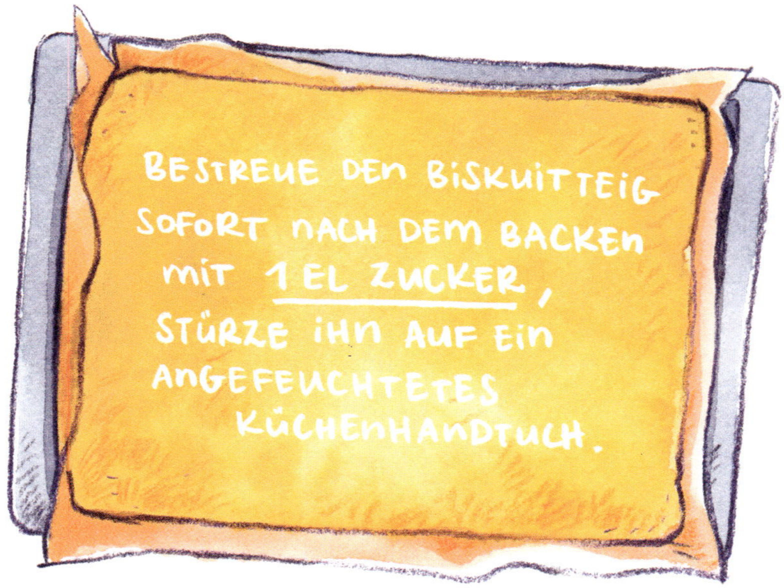

ROLLE DEN BISKUIT QUER MIT DEM HANDTUCH EIN UND LASSE IHN ABKÜHLEN.

SCHÄLE UND ENTKERNE DIE ÄPFEL, SCHNEIDE SIE IN KLEINE WÜRFELCHEN (CA. ½ CM).

ERHITZE DIE APFELWÜRFEL MIT 3 EL WASSER UND LASSE SIE 3 MINUTEN GAREN.

NIMM DEN TOPF VOM HERD, GIB DEN MUSKAT DAZU UND LÖSE DIE GELATINE DARIN AUF.

VERRÜHRE DIES GUT MIT DER VANILLECREME. SOBALD DIESE ANFÄNGT ZU GELIEREN, GIB SIE AUF DEINEN AUSGEKÜHLTEN BISKUITTEIG UND ROLLE IHN WIEDER AUF.

VERRÜHRE PUDERZUCKER UND APFELSAFT ZU EINER DICKFLÜSSIGEN GLASUR UND GEBE SIE ÜBER DEINE APFELROLLE.

SERVIERE DIE ROLLE MIT EINER FRISCHEN PRISE MUSKATNUSS.

Einladung zum Kaffeeklatsch

Warum nicht einmal eine Einladung auf Papier aussprechen? Zu einem gemütlichen Nachmittag mit selbstgebackenem Kuchen.

kein Kuchen ist auch keine Lösung

Marmeladen
DECKELCHEN

SELBSTGEMACHTE MARMELADEN ODER CHUTNEYS SIND KLEINE KÖSTLICHE GESCHENKE.

DIE GLÄSER LASSEN SICH MIT EINEM DECKELCHEN AUS PAPIER ODER EINEM ETIKETT HÜBSCH DEKORIEREN.

DAS PAPIER SOLLTE AN DEN RÄNDERN DES DECKELS MINDESTENS 3CM ÜBERSTEHEN, DAMIT DU ES UMSTÜLPEN UND MIT EINEM BAND FIXIEREN KANNST.

Herbstliche TISCHDEKO

HALLO Herbst

KÜRBISSE SIND NICHT NUR KÖSTLICH IN KUCHEN, AUCH EIGNEN SIE SICH ALS STIMMUNGSVOLLE TISCHDEKO.

MIT FARBIGEN MARKERN LASSEN SICH LETTERINGS WIE DIESE DARAUF ÜBERTRAGEN.

TIPP GRUNDIERE DEN KÜRBIS IN EINER FARBE DEINER WAHL, SO KOMMT DEIN MOTIV NOCH BESSER ZUR GELTUNG.

Pimp your Pumpkin Pie

DIE KÜRBISTARTE LÄSST SICH MIT EINER PUDRIGEN DEKO AUS KAKAOPULVER FÜR DAS HALLOWEEN-BUFFET AUFHÜBSCHEN.

KOPIERE HIERZU EINES DER MOTIVE VERGRÖSSERT AUF PAPIER, SCHNEIDE ES AUS UND NUTZE ES ALS SCHABLONE.

KOPIERE DIE VORLAGE Z.B. AUF 300% IM COPY-SHOP.

Winter

Apfel Streusel

du brauchst:

1 HEFETEIG
1 BUTTERSTREUSEL

BACKZEIT 45 MINUTEN
180 GRAD HEISSLUFT

AUSSERDEM

2 ÄPFEL

50 g WALNÜSSE

2 EL BUTTER

4 EL AHORNSIRUP

1 TL ZIMT

DRÜCKE DEN HEFETEIG IN EINE GEFETTETE QUADRATISCHE BACKFORM.*

* EINE RUNDE SPRINGFORM Ø 26 cm IST AUCH MÖGLICH.

VIERTEL UND ENTKERNE DIE ÄPFEL UND SCHNEIDE DIE AUSSENSEITEN LÄNGS EIN.

VERTEILE SIE AUF DEM HEFETEIG.

SCHMELZE DIE BUTTER IN DER PFANNE, RÜHRE ZIMT UND AHORNSIRUP EIN.

GIESSE DIE MISCHUNG ÜBER DIE ÄPFEL.

HACKE DIE WALNÜSSE GROB …

… KNETE SIE UNTER DIE STREUSEL, VERTEILE SIE ÜBER DEN HEFETEIG MIT DEN ÄPFELN.

BIRNEN Feigen TARTE

· MIT WALNÜSSEN ·

du brauchst:

1 MÜRBETEIG

AUSSERDEM:

1 TARTEFORM Ø26 cm

BACKZEIT 45 MINUTEN

175 GRAD OBER–UNTERHITZE

3 EIER

150 g ZUCKER

3 BIRNEN

200 g MASCARPONE

ABRIEB VON 1 BIO-ORANGE

100 g FEIGEN

100 g WALNÜSSE

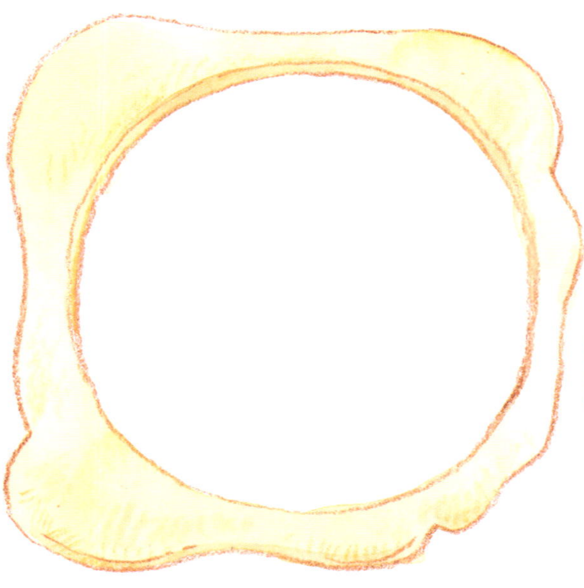

ROLLE DEN MÜRBETEIG AUF DER BEMEHLTEN ARBEITS-FLÄCHE 3-5 mm DICK AUS. SCHNEIDE EINEN KREIS, ETWAS GRÖSSER ALS DEINE FORM, AUS.

WICKEL DEN TEIGKREIS AUF EIN BEMEHLTES NUDELHOLZ. KLEIDE DIE GEBUTTERTE TARTEFORM MIT DEM TEIG AUS.

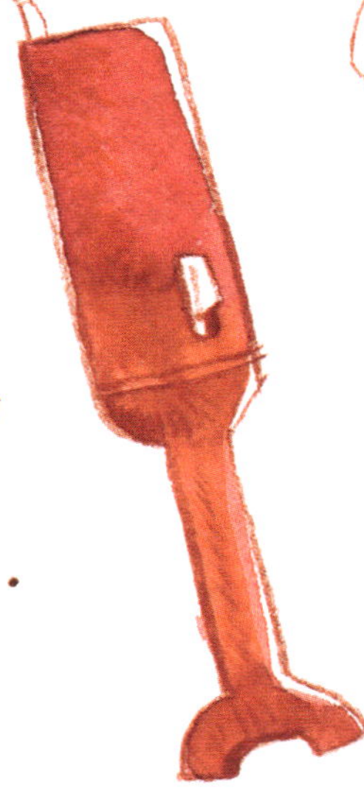

FÜR DIE FÜLLUNG PÜRIERE DIE EIER, ZUCKER, FEIGEN UND MASCARPONE.

SCHÄLE DIE BIRNEN, VIERTEL UND ENTKERNE SIE, SCHNEIDE SIE IN SCHMALE SPALTEN …

… UND VERTEILE SIE AUF DEM MÜRBETEIG.

GIESSE DIE FÜLLUNG DARÜBER UND DEKORIERE DIE TARTE MIT DEN WALNÜSSEN BEVOR DU SIE IN DEN OFEN SCHIEBST.

Rote Bete Biskuit
mit Schokocreme

du brauchst:

BACKZEIT: 25 MINUTEN
180 GRAD HEISSLUFT

1 BISKUIT *
1/2 SCHOKOCREME

AUSSERDEM

20 g KAKAO

200 g
ROTE BETE,
GEGART

* BEREITE DEN BISKUITTEIG WIE AUF SEITE 12/13 BESCHRIEBEN ZU.

MISCHE DABEI DEN KAKAO ZU DEM MEHL.

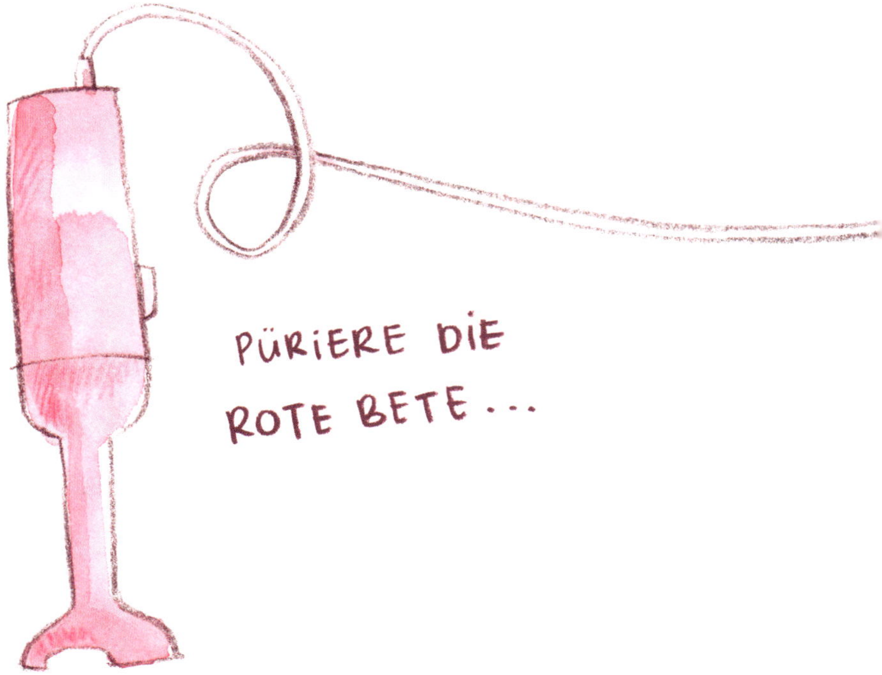

PÜRIERE DIE ROTE BETE ...

... UND HEBE SIE VORSICHTIG UNTER DEN KAKAOTEIG.
FÜLLE IHN IN EINE GEBUTTERTE SPRINGFORM.

ø 26 cm

LASSE DEN ROTE-BETE-KUCHEN NACH DEM BACKEN KOMPLETT AUSKÜHLEN.

BESTREICHE IHN MIT DER SCHOKOCREME.

Karotten Haselnuss Kuchen

du brauchst:

1 RÜHRTEIG*

BACKZEIT 50 MINUTEN
175 GRAD OBER-UNTERHITZE

AUSSERDEM:

80 g HASELNÜSSE GEMAHLEN

2 EL BRAUNER ZUCKER

1 EL ROSMARIN GEHACKT

150 g KAROTTEN GERASPELT

* BEREITE DEN RÜHRTEIG WIE AUF SEITE 10/11 BESCHRIEBEN ZU.

ERSETZE DABEI 80 g MEHL DURCH 80 g GEMAHLENE HASELNÜSSE.

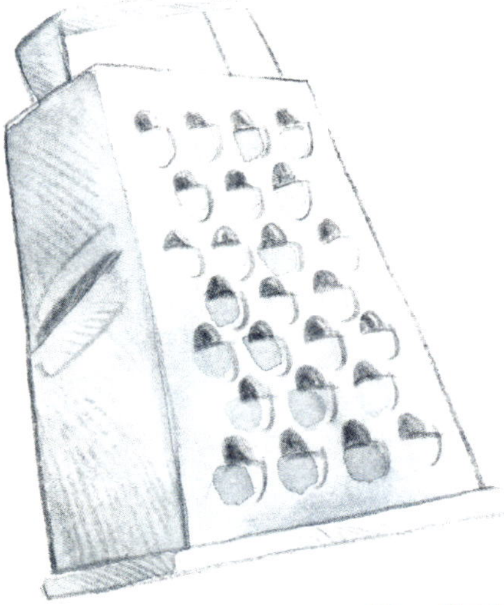

HEBE VOR DEM BACKEN NOCH DIE GERASPELTEN KAROTTEN UNTER DEN TEIG.

Ø 26 cm

STREUE 10 MINUTEN VOR BACKZEITENDE DEN BRAUNEN ZUCKER UND DEN ROSMARIN ÜBER DEN KUCHEN.

TIPP ZU DIESEM KUCHEN PASST HERVORRAGEND EINE KUGEL ORANGENSORBET.

Winterpunsch

mhmm

du brauchst:

700 ml Apfelsaft

1 TL Zimt

1/2 Stange Vanille

300 ml Traubensaft weiss oder rot

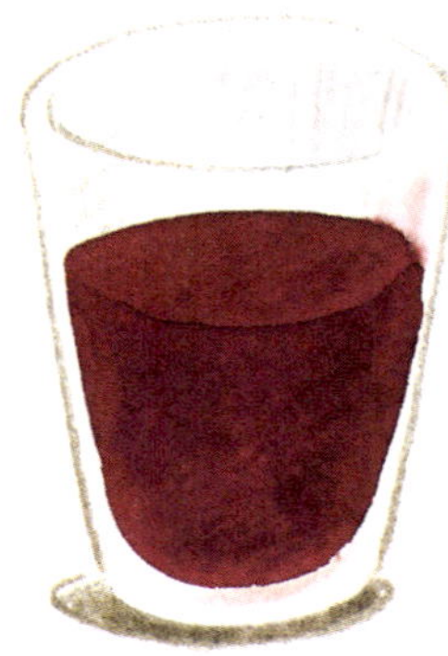

100 g Mandeln gehackt

1 Zweig Rosmarin

1 Apfel

Erhitze die Säfte zusammen mit den Gewürzen und Kräutern in einem Topf.

Es soll nicht kochen!

SCHNEIDE DEN APFEL IN KLEINE WÜRFEL, HACKE DIE MANDELN UND VERTEILE ALLES AUF 4 GROSSE BECHER.

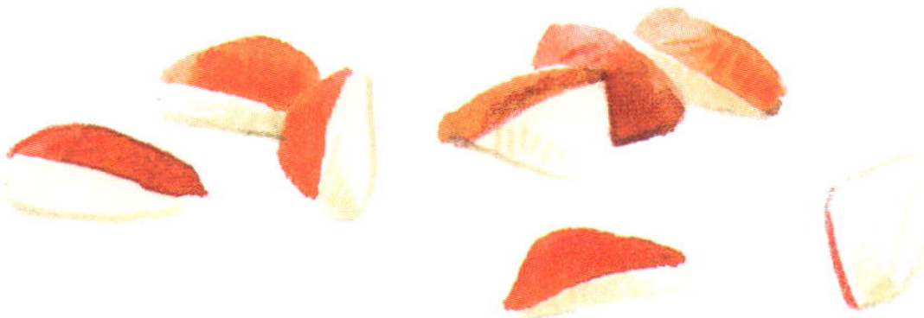

ENTFERNE DIE VANILLESTANGE UND DEN ROSMARIN AUS DEM PUNSCH UND GIESSE DEN HEISSEN SAFT IN DIE BECHER.

TIPP

FÜR DIE ERWACHSENE VERSION ERSETZE DEN TRAUBENSAFT EINFACH DURCH EINEN SAUVIGNON BLANC ODER ANDEREN WEISSWEIN.

EINE HÜBSCHE **DIY-IDEE** HIERZU FINDEST DU AUF SEITE 91.

weihnachtliche PLÄTZCHEN

du brauchst:

1 MÜRBETEIG

DU KANNST IHN MIT 1 TL ZIMT WEIHNACHTLICH VERFEINERN.

AUSSERDEM:

VANILLEZUCKER

200 g KUVERTÜRE DEINER WAHL

ROLLE DEN GEKÜHLTEN TEIG CA. 2–3 mm DICK AUF DER BEMEHLTEN ARBEITSFLÄCHE AUS UND STECHE PLÄTZCHEN AUS.

LEGE DIE PLÄTZCHEN AUF EIN MIT BACKPAPIER AUSGELEGTES BACKBLECH UND BACKE SIE 7 MINUTEN, BEI 175 GRAD HEISSLUFT.

DRÜCKE DIE NOCH WARMEN PLÄTZCHEN VORSICHTIG MIT DER OBERSEITE IN VANILLEZUCKER ODER

TAUCHE DIE AUSGEKÜHLTEN PLÄTZCHEN MIT EINER SEITE IN GESCHMOLZENE KUVERTÜRE.

DAS PERFEKTE MITBRINGSEL FÜR DEN ADVENTSTEE:

PLÄTZCHEN in Spitztüten

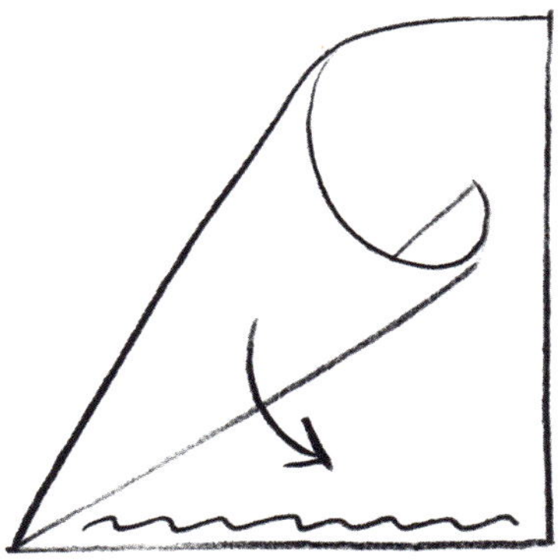

HIER KLEBEN ↑

DU BENÖTIGST EIN QUADRATISCHES STÜCK PAPIER (CA. 30x30cm).

ROLLE ES DIAGONAL EIN UND KLEBE DIE ROLLE AN EINER SEITE ZU.

JE WENIGER SICH DIE RÄNDER ÜBERLAPPEN, DESTO GRÖSSER WIRD DIE TÜTE.

DIESES WEIHNACHTLICHE MUSTER KANNST DU ALS VORLAGE FÜR DEINE SPITZTÜTE VERWENDEN.

KOPIERE DAS MOTIV IM COPY-SHOP AUF 250% UND PAUSE DIE BUCHSTABEN MIT VERSCHIEDENEN MARKERN DURCH.

BESONDERS HÜBSCH SIEHT ES MIT WEISSER FARBE AUF BRAUNEM PACKPAPIER AUS.

APFEL CAKETOPPER

DIESEN CAKE-TOPPER KANNST DU HERAUSKOPIEREN, AUF FESTEN KARTON ÜBERTRAGEN UND NACH BELIEBEN GESTALTEN.

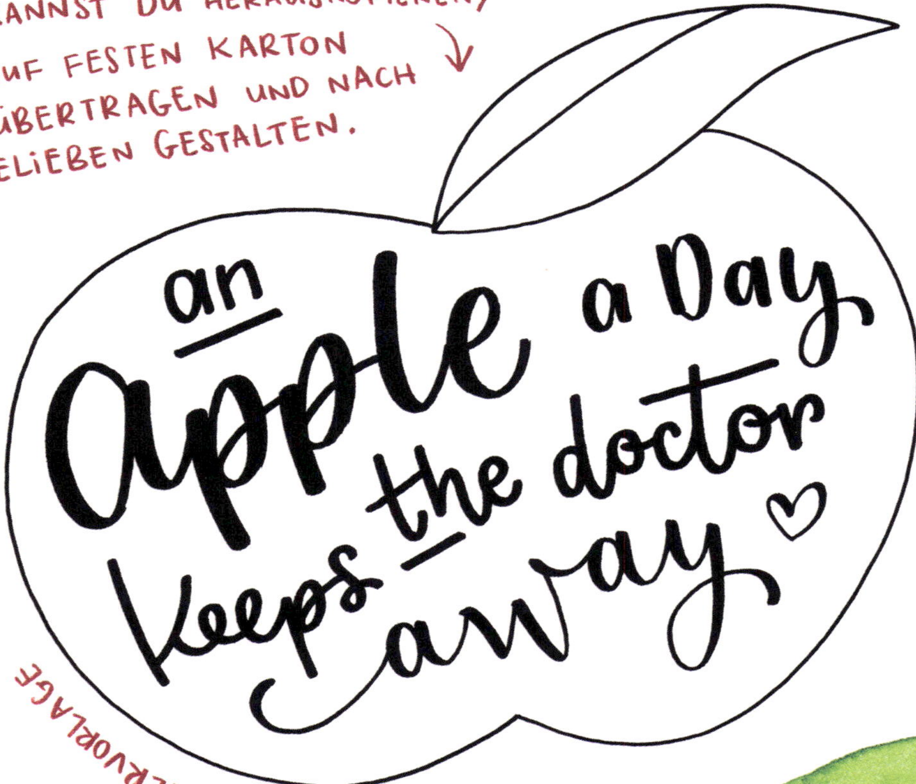

KOPIERVORLAGE

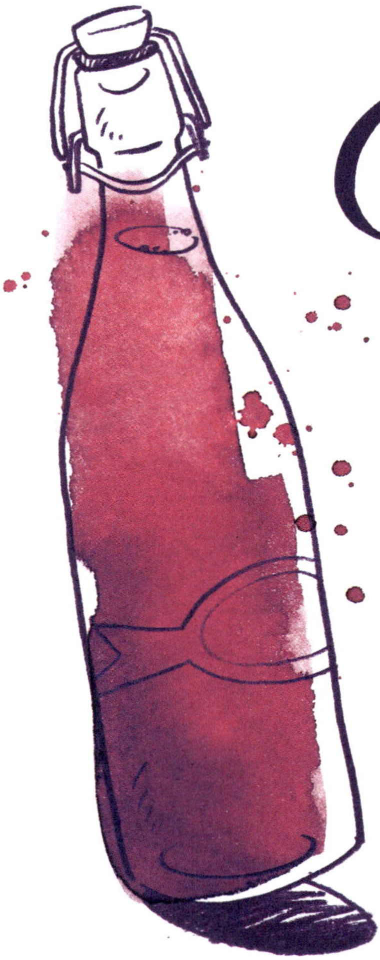

Winterpunsch

·ETIKETT·

ALS GASTGESCHENK IN EINE SAUBERE FLASCHE ABGEFÜLLT UND MIT EINEM HÜBSCHEN ETIKETT DEKORIERT.

weihnachtliche

* GESCHENKANHÄNGER *

GESTALTE MIT DIESEN VORLAGEN DEINE EIGENEN GESCHENKANHÄNGER. ODER BEDIENE DICH DER ILLUSTRATIVEN ANHÄNGER AUF DER GEGENÜBERLIEGENDEN SEITE. KOPIERE DIE MOTIVE AUF FESTES PAPIER, SCHNEIDE SIE AUS UND DEKORIERE SIE MIT EINER KORDEL ODER SCHLEIFENBAND.

DEKORIERE DEINE (SÜSSEN) GESCHENKE MIT DIESEN WEIHNACHTLICHEN GESCHENKANHÄNGERN.

BUCHEMPFEHLUNGEN FÜR DICH

ISBN 978-3-7724-8047-8

ISBN 978-3-7724-8056-0

ISBN 978-3-7724-8051-5

ISBN 978-3-7724-8040-9

ISBN 978-3-7724-8055-3

ISBN 978-3-7724-8046-1

ISBN 978-3-7724-8304-2

ISBN 978-3-7724-8333-2

ISBN 978-3-7724-8342-4

Weitere Kreativ-Bücher findest du auf www.TOPP-kreativ.de

WEITERE IDEEN ZUM SELBERMACHEN GESUCHT?

Lieblingsstücke von einfach bis einfach genial finden Sie bei TOPP! Lassen Sie sich auf unserer Verlagswebsite, per Newsletter oder in den sozialen Netzwerken von unserer Vielfalt inspirieren!

Website

Verlockend: Welcher Kreativratgeber soll es für Sie sein? Schauen Sie doch auf **www.TOPP-kreativ.de** vorbei & stöbern Sie durch die neusten Hits der Saison!

TOPP-Autoren

Sie wollen wissen, wer die „Macher" unserer Bücher sind? Wer Ihnen nützliche Tipps & Tricks gibt? Auf **www.TOPP-kreativ.de/Autor** warten jede Menge spannender Infos zum jeweiligen Autor auf Sie. Finden Sie heraus, welches Gesicht hinter Ihrem Lieblingsbuch steckt!

Facebook

Werden Sie Teil unserer Community & erhalten Sie brandaktuelle Informationen rund ums Handarbeiten auf **www.Facebook.com/Mitstrickzentrale**
Wer sich für Basteln, Bauen, Verzieren & Dekorieren interessiert, ist auf **www.Facebook.com/Bastelzentrale** genau richtig!

Pinterest

Sie sind auf der Jagd nach den neusten Trends? Sie suchen die besten Kniffe? Die schönsten DIY-Ideen? All' das & noch vieles mehr gibt es von TOPP auf **www.Pinterest.com/Frechverlag**

Newsletter

Bunt, fröhlich & überraschend: Das ist der TOPP-Newsletter! Melden Sie sich unter: **www.TOPP-kreativ.de/Newsletter** an & wir halten Sie regelmäßig mit Tipps & Inspirationen über Ihr Lieblingshobby auf dem Laufenden!

Extras zum Download in der Digitalen Bibliothek

Viele unserer Bücher enthalten digitale Extras: Tutorial-Videos, Vorlagen zum Downloaden, Printables & vieles mehr. Dieses Buch auch? Dann schauen Sie im Impressum des Buches nach. Sofern ein Freischaltcode dort abgebildet ist, geben Sie diesen unter **www.TOPP-kreativ.de/DigiBib** ein. Nach erfolgreicher Registrierung erhalten Sie Zugang zur digitalen Bibliothek & können sofort loslegen.

YouTube

Sie wollen eine ganz neue Technik ausprobieren? Sie arbeiten an einem spannenden Projekt, aber wissen nicht weiter? Unsere Tutorials, Werbetrailer, Interviews & Making Of's auf **www.YouTube.com/Frechverlag** helfen Ihnen garantiert dabei, den passenden Ratgeber von TOPP zu finden.

Instagram

Sie sind auf Instagram unterwegs? Super, TOPP auch. Folgen Sie uns! Sie finden uns auf **www.Instagram.com/Frechverlag**
Möchten Sie uns an Ihrem Lieblingsprojekt teilhaben lassen? Am besten posten Sie gleich ein Foto mit dem Hashtag **#frechverlag** & wir stellen Ihr Werk gerne unserer Community vor – yeah!

Alles in einer Hand gibt's hier:

FRAU ANNIKA

1983 in Koblenz geboren, studierte Annika Sauerborn nach dem Abitur Kommunikationsdesign an der FH in Mainz, wo sie heute lebt und arbeitet. Sie setzte sich früh den Schwerpunkt Illustration und ihr lieblicher und verspielter Stil macht sie vor allem interessant für Kinder- und Jugendbuchverlage. Doch über ihre Tätigkeit als freischaffende Illustratorin kam sie auch zum Handlettering. Dies eröffnete ihr neue Möglichkeiten und Wege.

BRITTA MORBITZER

Sigrid Britta Morbitzer, geboren 1981 in Mainz am Rhein, entdeckte ihre Liebe zum Kochen und zu guten Lebensmitteln während ihres Au-Pair-Jahres in Frankreich. Nach dem BWL-Studium und zehn Jahren Berufserfahrung im Controlling verwirklichte sie ihren Traum vom eigenen Café. Sie betrieb zwei Jahre lang Brits KWISIN in Mainz, wo sie rheinhessische Köstlichkeiten mit französischem Touch servierte. Seit 2017 ist sie als freiberufliche Rezeptentwicklerin und Autorin in den Bereichen Kochen, Backen und Minimalismus kreativ. Inspiration für ihre leckeren Kreationen holt sie sich auf zahlreichen Reisen durch Europa.

Kreativ-Hotline
Hilfestellung zu allen Fragen, die Materialien und Bücher zu kreativen Hobbys betreffen:
Frau Erika Noll berät dich. Ruf an oder schreib eine E-Mail!

Telefon: 0 50 52 / 91 18 58* E-Mail: mail@kreativ-service.info

*normale Telefongebühren

IMPRESSUM

ILLUSTRATIONEN UND LETTERING: Frau Annika
PRODUKTMANAGEMENT UND LEKTORAT: Lara Schaufler, Nele Schlötzer
GESTALTUNG UND SATZ: Frau Annika
DRUCK UND BINDUNG: POLYGRAF PRINT spol. s r.o.

1. Auflage 2019

ISBN 978-3-7724-8057-7 • Best.-Nr. 8057